AVENTURES À AMSTERDAM

DE COCO LA CIGOGNE

JACOBINE DE ZWAAN

ILLUSTRATIONS: TATIANA VAN DER LINDEN

VONDELPARK
WESTERPARK
AMSTERDAM NOORD
ARTIS
MAISON D'ANNE FRANK
MUSEE NATIONAL MARITIME
DE HALLEN
FERME DE PIJP
QUARTIER DES CANAUX
MUSEUMPLEIN

Au joli Vondelpark
Il y a beaucoup d'oiseaux
Ils planent au-dessus d'Amsterdam
Et trouvent le paysage très beau

Coco la Cigogne est différente
Elle n'aime pas voler haut
Coco explore Amsterdam
Surtout sur son vélo

En ville Coco visite une ferme
Où elle chatouille un cochon,
Avec sa brouette rouge
Elle donne du foin au mouton

Rembrandt et Van Gogh
Ont fait de très belles toiles
Coco veut toutes les voir
Mais a-t-elle mis les voiles ?

erdam

Coco voit Florent le Flamant
C'est son meilleur ami
Tous deux jouent à la marelle
Ils ont l'air ravi !

ARTIS ZOO
7
8
6
4
5
3

« Larguez les amarres ! »
Quelle joie d'être sur un bateau
Elle cherche un trésor
Peux-tu le trouver pour Coco ?

NEMO

Au nord d’Amsterdam
Il y a trop de vent !
En attendant que la brise se calme
Coco joue avec son cerf-volant

Au Westerpark elle peut grimper
Se balancer, jouer au ballon
Et quand Coco est fatiguée
Elle s'allonge sur le gazon

Coco visite la maison d'Anne Frank
Où elle a écrit son journal fameux
Cachée dans une chambre secrète,
Il fallait être très courageux

Coco monte sur le bateau
Et admire les beaux canaux
Elle s'amuse avec les cygnes
Ils sont très rigolos !

Dans un ancien dépôt de trams
Coco fait cuire des boulettes
Après ses aventures elle a faim
Et elle trouve le goûter très chouette !

DE BALLENBAR
FOODHALLEN
ANNO 2014
AMSTERDAM
Bitter Ballen

De retour dans son nid elle dit :
« Maman, je me suis bien amusée !
Amsterdam c'est génial !
Demain puis-je y retourner ? »

« Bien sûr, ma chérie
Mais là, il est l'heure de se coucher
Parce qu'après cette belle journée
Tu es bien fatiguée… »

Le **Vondelpark** n'est pas uniquement apprécié par les cigognes. Il y a également de nombreux cafés : Au *Vondeltuin* (entrée Amstelveenseweg) vous trouvez des chaises longues à côté d'un bac à sable. Derrière le *Groot Melkhuis* (mer-dim 10h-17h) il existe une aire de jeux avec des balançoires et un petit téléphérique. Au *Kinderkook-café* (entrée Kattenlaan) les petits enfants (jusqu'à 7 ans) peuvent faire eux-mêmes leurs gâteaux.

À Amsterdam, vous trouvez plusieurs fermes pour enfants. Le **Kinderboerderij De Pijp** (Lizzy Ansinghstraat 82) est une ferme sympathique où les enfants peuvent rencontrer des poules, des ânes, des moutons, des lapins, des chèvres etc. La ferme est située dans De Pijp, un quartier animé avec beaucoup de concept stores (pour enfants), de restaurants et de cafés.

Le **Museumplein** est une belle pelouse (incluant une aire de jeux) entourée par les musées les plus connus des Pays-Bas :

* Au *Rijksmuseum*, il y a un 'Picknickroom' où les enfants peuvent dessiner et pique-niquer. Le jardin du musée (entrée libre) a une jolie fontaine et un échiquier.
* Au *Stedelijk Museum Amsterdam*, les enfants peuvent dessiner dans le 'Family Lab'. Le café du 1er étage vous sert une délicieuse limonade maison.

Artis (Plantage Kerklaan 38-40) est le zoo le plus beau des Pays-Bas. Vous pouvez admirer les flamants, le planétarium, l'aquarium, les éléphants et beaucoup d'autres animaux.

Dans le **Musée Maritime National** (Scheepvaartmuseum, Kattenburgerplein 1) vous plongerez dans l'histoire maritime néerlandaise. L'une des pièces principales est une copie du navire 'The Amsterdam', qui en 1749 a coulé lors de son premier voyage. N'oubliez pas de visiter à proximité le *NEMO* et la bibliothèque *OBA*. Le *NEMO* est un musée de technologie pour enfants. À l'*OBA* vous vous émerveillerez devant la *Maison des Souris* (de Sam et Julia) au sous-sol.

PLUS DE SUGGESTIONS SUR WWW.TRAVELADVENTUREBOOKS.COM

De la gare Amsterdam CS vous traverserez le fleuve IJ avec le transbordeur (gratuit) pour visiter **Amsterdam Noord**, un quartier agréable :

* NDSM Werf (no 906, durée 15 min.) : Au *Pannenkoekenboot* vous pouvez manger des crêpes et faire une promenade en bateau en même temps ! Au *IJ-Kantine* les parents peuvent se détendre pendant que les enfants s'amusent dans la salle familiale. Pour finir, *Noorderlicht* et *Pllek* sont deux beaux endroits avec leurs terrasses étonnantes.
* Buiksloterwegveer (no 901, durée 5 min.) : Visitez *A'DAM Lookout* pour une vue panoramique et relaxez-vous à la terrasse du *Mandelahuisje*.

Si vos enfants sont plus grands vous pouvez faire du vélo sur les digues et apprécier les villages de *Durgerdam* et *Marken*. Cette route est également accessible par le *Zuiderzeeweg*.

Au **Westerpark** vous allez vous amuser ! Les petits peuvent jouer dans l'aire de jeux et visiter la ferme. Les enfants (4-12 ans) peuvent s'amuser à *Woeste Westen*, un terrain de jeux naturel avec des passerelles suspendues (apportez des vêtements de rechange). Les terrasses attrayantes sont *Westergasterras* et *De Bakkerswinkel* (avec coin pour enfants, fermeture à 18h).

Avec plus de 180 nationalités, Amsterdam est connue pour être une capitale tolérante. Pendant la deuxième guerre mondiale cette liberté a été supprimée. Visiter **La Maison d'Anne Frank** (Prinsengracht 263-267), recommandez pour enfants de plus de 10 ans) pour une expérience impressionnante.

Les **canaux** sont classés au Patrimoine mondial de l'Unesco. Une promenade en bateau est recommandée lors d'une visite à Amsterdam. Il y a plusieurs options :

* Hop-On Hop-Off : www.canal.nl
* Petits bateaux : www.friendshipamsterdam.com, www.canal.nl (réservez à l'avance)
* Grands bateaux d'excursion sur le Damrak, à côté de la Gare Centrale

Un ancien dépôt de tramways **De Hallen** (Hannie Dankbaarpassage 47) a été transformé en un complexe animé. Vous trouverez des boutiques et un beau marché alimentaire (*Foodhallen*) où vous pourrez déguster toutes sortes de spécialités. N'oubliez pas de visiter *Belcampo,* le café de la bibliothèque qui comporte un coin pour les petits enfants.

29580369R00018

Printed in Great Britain
by Amazon